pit vogt
EVOLUTION
gedanken

Idee, Design & Layout: P I T

Impressum

Herstellung und Verlag:
BoD - Books on Demand, Norderstedt
ISBN 978-3-7460-7522-8

© 2018

Das Kind

Ein kleines Lied singt mir in meinen Ohren
Von einem Kind
Es war für diese Welt geboren
Doch es war schwarz, nicht weiß und nicht gesund
Die Eltern lachten nicht
Sie weinten sich die Seele wund

Warum, so fragte ich, warum sind sie nicht glücklich
Oder froh
Ich kanns nicht sagen, denk mir,
Sie sind doch glücklich irgendwo
Und wenn's gesundwird, durch einen Arzt,
Dem großen weißen
Ist es doch gut
Ist es normal und wird in alle Zukunft weisen

Es singen viele Lieder diese Welt in schöne, gute Tage
Und selten stellt jemand die ziemlich blöde Frage
Ist es nur schwarz, ist's weiß, ist es von einem Alien
Es ist ein Mensch
Es lebt
Egal ob Nordpol oder auch Australien

Erinnerung

Schön wars in der großen Stadt
Job, Familie – wunderschön
Dort wo keiner Namen hat
lebten sie in jener Stadt
So sollts immer weiter gehn

Doch seit kurzem träumte sie
von dem Ort, der endlos weit
Sah die Kirche, Wald und See
Manche Nächte träumte sie
von der fernen Seligkeit

Sie verstand die Zeichen nicht
Doch es zog sie magisch fort
Und sie sah im Traum ein Licht,
hatte Tränen im Gesicht
Wo nur lag dies Land, der Ort

Mehr und mehr wollt sie dorthin
Alles schien ihr so bekannt
Wo nur lag des Traumes Sinn
Warum wollte sie dorthin
In dies wundersame Land

Eines Tages brach sie auf
Nahm die Tasche wie in Trance
Nahm den Abschied selbst in Kauf
Schweigend brach sie einfach auf
War das ihre letzte Chance

Auf dem Weg durch Traum und Zeit
kam nach Irland sie bei Nacht
Lang schien dieser Weg und weit
Irgendwo am Rand der Zeit
wurde sie nach Haus gebracht

In dem kleinen Dorf am Meer
sah es aus wie in dem Traum
Kirche, Wald – sie wollt hierher
In das kleine Dorf am Meer
In das Haus beim Mandelbaum

Nichts war hier wie in der Stadt
Ruhm und Reichtum gabs hier nicht
Wichtig war nicht, was man hat
Wichtig nicht die ferne Stadt-
Nur des Mondes fahles Licht

Auf dem kleinen Friedhof dort
stand sie an dem fremden Grab
Hier an diesem stillen Ort
trug sie die Erinnerung fort
Las die Inschrift, die schon matt

Da durchfuhr ein Blitz ihr Hirn
Und sie wusste es genau
Ihre Mutter lag hier drin
Ja, ihr Traum zog sie hierhin,
zu dem Grab der toten Frau

Und sie fühlte sich so gut
Goss die Blumen vor dem Stein
Hatte wieder Lebensmut
Denn sie fand ihr eigen Blut
Ihre Seele wurde rein

Plötzlich hörte sie von fern,
wie die Mutter leise sang
„Ach, mein allerliebster Stern,
kamst zu mir, doch ich bin fern.
Kamst zu mir, zum weißen Strand"

Lange saß sie noch am Grab
Und sie küsste sanft den Stein
Dort, wo's keine Zeit mehr gab
Dort an Mutters kleinem Grab,
konnt sie endlich glücklich sein

Als sie wieder heimwärts zog,
war voll Liebe sie und Kraft
Und ein Silberwölkchen flog
übers Meer, auf dem sie zog
Ja, sie hatte es geschafft

Und daheim – dort, in der Stadt
hatte sie den Sinn erkannt
Wer im Herz sein' Mutter hat,
braucht nicht Geld, nicht Ruhm und Stadt
Nur manch' Traum
Und Mutters Hand

Mondlos

Trübe ist der Tag,
der letzte Tag am Meer
Und immer wieder leben meine Träume
Leben in dieser kalten Einsamkeit
Ich bin abhängig zu sehr
von alten Gefühlen
Von Dir, Du alte Liebe

Und ich stehe vor den Trümmern meines Lebens
Ausgebrannte Welt – zerstört – und jeder Tag
vergebens
So flieh ich weit,
ins tatenlose Nichts der Zeit
Und die Ruinen meiner Hoffnung ragen in die
Dunkelheit
Drohen in der tristen Dunkelheit

Leise ist mein Wort,
mein letztes Wort im Wind
Und immer wieder wollt ich´s schreien
Umsonst – ich werde doch nie erhört
Was wollte ich immerzu
von meinem Leben
Ich kann jetzt nur noch schweigen

Und ich stehe vor den Trümmern meines Lebens
Aufgebaute Welt – zerstört – und jeder Tag vergebens
So flieh ich weit,
ins tatenlose Nichts der Zeit
Und die Ruinen meiner Hoffnung ragen in die
Dunkelheit
Drohen in der tristen Dunkelheit

Phoenix

Traf Dich in der großen Stadt
Dort in Phoenix, irgendwo
Dort, wo keiner Namen hat
Irgendwo in dieser Stadt
Fragt´ ich Dich ganz einfach so

Dein Gesicht, Dein blondes Haar
Und Dein Lachen- sonderbar
Alles war wies niemals war -
Wie Dein Lachen unterm Haar
Wollte bleiben, völlig klar

Ach, wir tanzten durch den Tag
Durch die wundervolle Stadt
Dort, wo keiner Namen hat
Sangen wir durch diese Stadt
Und wir stellten keine Frag

Irgendwann der erste Kuss
Blondes Mädchen, irgendwo
Niemand dachte an den Schluss
Dort in Phoenix dieser Kuss
Und wir waren glücklich, froh

Da, im Radio, dieser Song
Deine Stimme war´s, ein Traum
Phoenix, Du, nun komm doch schon
Oh mein Gott, was für ein Song
Und wir kannten uns doch kaum

Doch mein Herz schlug anderswo
Wollt nach Westen weiter ziehn
Ja, wir waren glücklich, froh
Blondes Mädchen irgendwo
Du warst unbeschreiblich schön

Eines Tags, da spürte ich
Dieses Fernweh nach Asphalt
Wusste doch, ich liebe Dich
Doch es schien absonderlich
Phoenix macht mich nicht mehr alt

Lächelnd nahm ich Deine Hand
Küste Deine Tränen fort
Als mein Pickup dann verschwand
Winktest Du mit schwerer Hand
Und bliebst stehn noch lang am Ort

Phoenix lag lang hinter mir
Musst' nach Westen weiter ziehn
Irgendwann, so gegen Vier
Schrieb 'ne SMS ich Dir
Willst Du denn nicht mit mir gehn

Doch du schwiegst, mein Phone blieb stumm
Und ich war schon weit, so weit
Dachte schon, Du nimmst mirs krumm
Diese Trennung, die so dumm
Lang vorbei schien unsere Zeit

Da, im Radio, dieser Song
Diese Stimme, das warst Du
Riefst nach mir, nun komm doch schon
Oh mein Gott, was für ein Song
Und vorbei war's mit der Ruh

Wendete den Wagen schnell
Fuhr zu Dir, mein Phoenix-Star
Jene Stund war hell, so hell
Fuhr zu Dir, nach Phoenix schnell
Plötzlich schien das Leben klar

Irgendwo am Straßenrand
Standst Du noch und winktest mir
Habe Dich sofort erkannt
Tränenschwer am Straßenrand
Jetzt bleib ich für immer Dir

Traf Dich in der großen Stadt
Dort in Phoenix, irgendwo
Wo das Glück ´nen Namen hat
Dort in dieser Riesenstadt
Wurden wir gemeinsam froh

Und der Westen blieb nicht fern
Nach Los Angeles wir zwei
Blondes Mädchen, Du mein Stern
Hollywood war nicht mehr fern
Phoenix machte uns so frei

Immer auf der langen Fahrt
Mal nach West und mal nach Süd
Unsre Herzen blieben stark
Wir zwei auf der großen Fahrt
Weil ich Dich für ewig lieb

Menschenleer

Menschenleer ist dieses Haus
Blumen fehlen, Türen, Luft
Keine Katze, keine Maus
Nur ein Vöglein ist's, das ruft

Höre zu dem kleinen Tier,
dass so viele Töne bringt
In dem Haus, das menschenleer
Wo nicht mal ein Radio singt

Plötzlich bin ich nicht allein,
denn mir scheint, da ist noch wer
Geh ins Badezimmer rein
Dieses ist nicht öd und leer

Denn dort planscht ein Kind, welch Freud
Voller Glück, mit lautem Ton
Und ich schaue wie betäubt
Wem gehört nur dieser Sohn

In dem menschenleeren Haus
Ist es da, bringt Leben her
Da fällt ab so mancher Graus
Gar nichts ist mehr wie vorher

Menschenleer war dieses Haus
Menschenleer doch jetzt nicht mehr
Wozu brauch ich Katz und Maus,
wenn laut lacht ein Kind allhier

An den Mond

Oh Du wundervoller Mond
Als goldene Scheibe hängst Du heut tief
Am nachtschwarzen Firmament
Doch dunkle Schleier beginnen
Dich zu umhüllen und mir wird's kalt
Und schwärzer wird's um mich
Geheimnisvolle Stille
Aber Du bist ja noch da
Dein Glanz ist niemals Dir genommen
Und niemand nimmt ihn jemals Dir
Oh Du wunderbarer Mond
Spiegelbild am nächtlichen Gestade
Ich sitz auf dem Bootssteg und träum mit Dir
Bist mir geblieben als Licht, dass immer da war
In nachtschwarzer Dunkelheit und der Unendlichkeit
der Angst
Vertreibst die dunklen Schleier mir von meiner Seele
Jedoch Dein Licht ist mir so kalt
Und fern bist Du, ach Mond, ferner Geliebter
Ich sah Dich nie nah vor mir
Nur Dein Gesicht, dort oben
Und in meinen Träumen stell ich mir vor,
ich wär bei Dir
In starker Hand, atemlosem Atem
Und in der märchenhaften Stille
hast Du mich verzaubert
in jenem unfassbaren Universum
Komm, lass mich schweben
mit Dir zusammen
Doch bald wird's Tag
Der Träume Ende

Gedanken

Und wieder ist es Morgen
Gerade mal halb Sieben
Und wieder bin ich nachts wach geblieben
Zuviel gegessen gestern Abend
Zuviel getrunken
Es war so gegen Vier,
da trieb mich die Angst aus dem Bett
Was ist, wenn ich doch nicht mehr gesund bin
Welchen Sinn hätte dieses Leben dann wohl noch
So treibt es mich in den Tag, den tristen
Und ich spür, dass ich nicht wach bin
Der Fernseher bleibt oft der einzige Freund
Mammutfernsehen
Briefe schreiben an die Welt und Gott
Nichtgebrauchtsein, von keinem
Und doch von einem, der Mutter
Sie hatte mich stets so geliebt
Sollte ich wirklich so krank sein
War's nicht nur ein alberner Alptraum
Verrückte Gedanken
Und die Welt zerfällt zu Asche
In ihre Einzelteile
Ich steigere mich in wirre Träume
Bis zum Zitterkrampf manchmal – Panik überall
Was kann das nur sein
Psychosen oder nicht – ich muss mich fangen
Und da, Schritte vor dem Haus
Autotüren knallen
Stimmengewirr, Wortfetzen
Plötzlich zerreißt ein Motorengeräusch den Tag
Dann ein Quietschen – ein Unfall
Dann eine Polizeisirene
Ein Unfall – wo

Bei mir ists ruhig
Doch dann war's doch nur Einbildung
Der Fernseher vorm Bett schrie bis halb 2 heut Nacht
Irgendjemand muss doch mit mir reden
Die Zeitung tut es lange schon nicht mehr
Ich muss Menschen sehen
Die Fremden und die bekannten Menschen
Und ich sehe die jungen Leute
von meinem Fenster aus
Sie fahren vorbei mit ihren Autos
und ihren tollen Ideen
Ich wäre gern noch mal wie sie
So unbefangen und so frei
So frei, wie ich nie war
Meine Gedanken drehen sich wild im Kreis
Nur wenn Mutter kommt,
kommt auch ein bisschen Mut
Und manchmal auch der Satz:
Ich sollte mich nicht hängenlassen
Andere haben auch zu tun
Mit sich und auch mit anderen
Leicht wird's keinem heut gemacht
Und Mutter lacht – nimm es nicht so schwer
Auch mein Kopf bleibt schwer
Viel zu schwer
Manchmal wird mir die Luft so knapp
Dann denke ich, ich erstick an diesem Mief
Dabei brauch ich doch nur aufzustehen
und einzuatmen, tief, ganz tief
Die Gedanken drehen sich wild im Kreis
Manchmal kommt Wut auf
Ich erschrecke vor mir selbst
Und wieder ist sie da, die Angst
Dann steh ich vorm Spiegel
Und schau in mein Gesicht

Ist da nur Leere
Wirklich nur die Leere
Nein, da ist noch mehr, sehr viel mehr
Da schaut mich ein Leben an
Ein wildes, manchmal ausgefülltes, oft eintöniges,
selten bösartiges,
mehr gutes Leben
Meines ist's
Ich bin nicht zu dumm für diese Welt
Das wird mir plötzlich klar
Und wohl auch nicht zu hässlich
Vielleicht manchmal zu arm
Und immer viel zu hungrig
Ich suche nach dem rechten Pfad
Nach einem Weg, der ans Licht führt, irgendwann
Vielleicht schon morgen
Vielleicht schon bald
Und wenn ich unter die Dusche trete, dann ist mir,
als werde ich neu geweckt
Und dann beginnt ein neuer Tag,
ein völlig neues Leben
Irgendwo, in fernster Ferne und doch ganz nah,
denn es ist mein Zuhause
Dort am Ufer meiner Träume steh ich selbst
Und ich lache und ich singe die schönsten Lieder
Und Mutter sagte immer: „Du schaffst das schon"
Denn Du bist stark
Ja, ich bin wirklich stark

Alter Mann

Es ist so still um ihn
So still
Der alte Mann sitzt schweigend da
Er weiß genau, was er noch will
Doch er sitzt da und ist nur still
Und denkt vielleicht, wies damals war

Vielleicht erinnert er sich jetzt
An jene Zeit, als er noch jung
Und plötzlich scheint sein Aug benetzt
Woran erinnert er sich jetzt
An Liebe oder neuen Schwung

Er sagt es nicht
Er schweigt ganz still
Er räuspert sich nur einmal laut
Die Zeit vergeht auch ohne Ziel
Er weiß genau, was er jetzt will
Als er zum Fenster *heimlich* schaut

Auf der Treppe

Ein junger und ein alter Mann
Sie sagen nichts und schweigen nur
Sie sitzen da und schaun sich an
Der junge und der alte Mann
Und schauen manchmal auf die Uhr

Es ist ein Vater mit dem Sohn
Dazwischen liegen dreißig Jahr
Sie sagen nichts, was macht das schon
Es schweigt der Vater und der Sohn
So viel scheint anders als es war

Der Sohn will fort, weg von Zuhaus
Der Vater hat die dritte Frau
Doch sehen sie nicht glücklich aus
Sie fühln sich fern, weit von Zuhaus
Die Mutter wusst das ganz genau

Sie lief davon vor langer Zeit
Und ließ die beiden schnell zurück
Die Männer hat das nicht erfreut
Die Mutter ging vor langer Zeit
Und suchte sich ein neues Glück

Es fehlte der Zusammenhalt
Denn Sohn und Vater passten nicht
Die Wohnung wurde kalt, so kalt
Es fehlte der Zusammenhalt
Und Mutters liebes Angesicht

So sitzen sie nun schweigend da
Und trauern ihren Träumen nach
Es wird wohl nie mehr so wies war
Die beiden sitzen schweigend da
Und sind wohl lange noch nicht wach

Ende der Welt

Sonnenstürme über mir
Diese Welt zerbricht im Traum
Schreien wie ein wildes Tier
Sterben ohne Zeit und Raum

Gier frisst sich durch allen Dreck
Irgendwann die Haut verbrennt
Niemand steckt die Hölle weg
Weil der Teufel Amok rennt

Durch das Flussbett rinnt nur Blut
Schwefeldampf ätzt sich behänd
In den Städten herrscht die Wut
Bis man sich nicht mehr erkennt

Geld bepflastert Hof und Haus
Wertlos nur des Menschen Geist
Tot sind Hoffnung, Tier und Laus
Alles Liebe scheint vereist

Da, ein Blitz am Firmament
Jene Nacht ein Knall zerfetzt
Alles Irdische verbrennt
Unser Ende kommt schon – jetzt

Begegnung

Schon fast vergessen hätt ich ihn
Den alten Mann im Supermarkt
Er schritt ganz langsam vor sich hin
Und nahm sich Eier, Brot und Quark

Um einen Osterstand schlich er
Sollt er was nehmen oder nicht
Das Denken fiel ihm sichtlich schwer
Und traurig schien sein Angesicht

Verschämt griff er in das Regal
Ein Osterhäschen sollt es sein
Die Rente schien wohl ziemlich schmal
Und manch Geschenk ward ziemlich klein

Ich dacht', ob ich ihn ansprech dort
Er schaute mich ganz kurz nur an
Vielleicht ein nettes, kurzes Wort
Ein „Frohes Fest" für diesen Mann

Doch er ging fort mit seinem Hasen
Ich nahm noch dies und jenes mit
So manches Süße, Obst im Glase
Und auch vom Käs ein dickes Stück

Drei Tage später las ich dann
Ein kranker Mann starb einsam, alt
Sein Foto sah ich auch sodann
An Ostern war es trüb und kalt

Oft denk ich an den Mann im Markt
Doch er und Ostern sind längst fort
Er kaufte Eier, Brot und Quark
Ich hätt ihn ansprechen solln dort

Letzter Sommer

Es war der letzte Sommer
Am Fluss sang sie so gerne
Ein Fisch kam da geschwommen
Und eh der Tag verronnen
Da zählte sie die Sterne

Es war der letzte Sommer
Ihr Lächeln barg den Tod
Ich hab sie gern gesprochen
Es gingen Tage, Wochen
So manches Abendrot

Es war der letzte Sommer
Sie winkte mir kurz zu
Ich hör sie heut noch singen
Ihr Lied wird nie verklingen
In abendlicher Ruh

Es war ihr letzter Sommer
Und einsam ists am Fluss
Sie ist so sanft gestorben
So ohne alle Sorgen
Für sie ein Abschiedsgruß

Schwarze Vögel

Schwarze Vögel in der Nacht
Die sieht man nicht,
doch sie sind da
Als ich sie sah
Hab ich nicht nachgedacht
Und über sie gelacht
Die schwarzen Vögel in der Nacht
Sie sind doch stets so nah
Als ich sie sah
Hast Du nur gelacht
Die schwarzen Vögel in der Nacht
Die sind so nah und immer da
Als ich sie sah,
da gingst Du fort
In jene Nacht
Die schwarzen Vögel in der Nacht
Haben mir
Die Einsamkeit gebracht
Als ich sie sah
Da warst Du nicht mehr da
Ich hab zu viel gelacht, wohl in jener Nacht
Die schwarzen Vögel in der Nacht
Die sieht man nicht
Doch sie sind da
Als ich sie sah,
Da blieb ich ganz allein zurück
Und doch war da ein Funken Glück
Vielleicht ein Stück
Von dieser Nacht
Die schwarzen Vögel in der Nacht
Die sind noch da
Ich hab gelacht
In jene samtig schwarze Nacht

Die schwarzen Vögel in der Nacht
Die sieht man nicht
Doch sie sind da
Sind uns ganz nah
Die schwarzen Vögel in der Nacht
Die haben mir den Traum gebracht
In jener Nacht
Da sieht man jene Vögel nicht
Sind jenseitig von hellem Licht
Die schwarzen Vögel in der Nacht
Als ich sie sah
Da hab ich über mich gelacht

Stein

Da kam ein Stein geflogen
Traf mitten ins Gesicht
Er ist zu hart geflogen
Ich sah ihn einfach nicht
So mitten ins Gesicht
Er hat mich nicht belogen

Ich hab geweint vor Schmerzen
Ganz tief im Herze drin
Das warn so starke Schmerzen
Und ganz ohne Sinn
Warf ich da alles hin
Ein Sturm blies aus die Kerzen

Doch tief in meiner Seele
Dort hört ich eine Stimm
Mit Kraft in meiner Seele
Ganz tief im Herze drin
Jetzt wieder voller Sinn
Da spürt ich meine Seele

Ein Stückchen reif geworden
Es brachte mich nicht um
Auch bin ich nicht erfroren
Ein Stein ist hart und dumm
Mich bringt kein Steinchen um
Bin reifer nur geworden

Nur ein Traum

Neulich in der schwarzen Nacht
hat mich „was" fast umgebracht
S′ war ein Traum von einer Welt,
die in sich zusammenfällt
Gottseidank, ganz im Vertrauen,
blieb dies nur ein schlechter Traum

Ich sah Raub und Raffgier pur
Ämter, die blind, blöd und stur
Sah dies Land im Drogenkrampf
Schwarzmarkthandel, Straßenkampf
Doch es war, ganz im Vertrauen,
nicht real und nur ein Traum

Sah manch′ Kriegstreiber sodann
Die zerstörten Maus und Mann
Rotlicht und Prostitution
Zuhälter mit Macht und Thron
Doch es war, ganz im Vertrauen,
nicht real und nur ein Traum

Sah Betrüger, reich an Glück
Dummheit siegte Stück um Stück
Mob und Pöbel fühlten sich
wunderbar, voll Zuversicht
Doch es war, ganz im Vertrauen,
nicht real und nur ein Traum

Wer hier ehrlich blieb und nett
Landet bald im Leichenbett
Wird verstoßen, krank und nackt
Weil er nichts zu sagen hat
Gottseidank und im Vertrauen
war dies alles nur ein Traum

Sah dies Land, wie es zerfiel,
unterging im bösen Spiel
Angst und Korruption und Not
herrschten dort als Täglich-Brot
Doch welch Glück, ganz im Vertrauen,
war dies alles nur ein Traum

In dem Land in meinem Traum
brachte um man Tier und Baum
Nichts blieb dort am Leben lang
Starb schon bald am Überschwang
Ja, es war, ganz im Vertrauen,
nicht real und nur ein Traum

Umweltgifte, Seuchenpein
Hass und Neid und falscher Schein
Arbeitslose, Alkohol
Alles sah ich – sorgenvoll
Doch es blieb, ganz im Vertrauen,
ganz weit weg, und nur im Traum

Wer zu arm war und auch krank,
wer kein Konto auf der Bank,
wer noch klug war und gescheit
siechte hin in Dunkelheit
Doch es war, ganz im Vertrauen,
nicht real und nur ein Traum

Lügen, Trug und Schwindelei
Krieg und Tod und Einerlei
Alles ging dann sehr behänd
unter durch des Menschen End
Doch das blieb, ganz im Vertrauen,
nicht real und nur ein Traum

All die kleinen Leut sah ich
Ausgesaugt, ganz elendig
Warn gelyncht und kaltgemacht
Hier, wo Mord und Totschlag lacht
Doch all das war im Vertrauen
nicht real und nur ein Traum

Ein Komet kam aus dem All
Brachte alles hier zu Fall
Nichts blieb mehr so wie es war
Und das Ende schien so klar
Doch es war, ganz im Vertrauen,
nicht real und nur ein Traum

Irgendwann erwachte ich
Schweißgebadet im Gesicht
Ging zum Fenster, sah hinaus
Friedlich standen Baum und Haus
Und ich wusste, im Vertrauen,
was ich träumt', war nur ein Traum

Schmetterlinge

Schmetterlinge in der Nacht
Ungesehen fliegen sie
Wenn am Tag die Sonne lacht
Leuchten sie in bunter Pracht
Nachts sah ich sie bisher nie

Schmetterlinge in der Nacht
Flattern so geheimnisvoll
Märchenhaft in dunkler Pracht
Schmetterlinge in der Nacht
Sind so frei und ohne Groll

Schmetterlinge in der Nacht
Künden mir vom nahen Glück
Setzen sich auf mich ganz sacht
Haben Hoffnung mir gebracht
Meinen Traum – ein kleines Stück

Eine Geschichte

Es war einmal – so im April
Da war sie glücklich mit dem Mann
Ihr kleines Kind, es war nicht still
Es lachte und es weinte viel
Und hielt die drei ganz fest zusamm'

Die Sonne schien vom Himmelszelt
Es war ein wirklich schöner Tag
Da sang sie fröhlich in die Welt
Warm schien die Sonn vom Himmelszelt
Als plötzlich kam ein Schicksalsschlag

Ein Mann fiel schwer vom Baugerüst
Und jede Hilfe kam zu spät
Dort, wo ein Haus bald stehen müsst
Da fiel ein Mann vom Baugerüst
Ein Leben ward vom Wind verweht

Sie dachte grad an ihren Mann
Warum er wohl nicht kommen mocht'
Ein schwarzes Auto hielt sodann
Vor ihrem Haus – man klopfte an
Sie hatt' zum Mittag schon gekocht

Die Todesnachricht traf so schwer
Vorbei manch' Traum – vorbei das Glück
Ihr Blick war starr und ziemlich leer
So mancher Mittag wiegt so schwer
Sie glaubte schon, sie würd' verrückt

Ihr war nach Schreien und nach Tod
Da starrt' sie auf ihr Kindelein
Es schien bald wie ihr einzig Brot
Das sie bewahrte vor dem Tod
Das sie bewahrt' vorm Einsam sein

Sie nahm das Kind in ihren Arm
Und wischte sich die Tränen fort
Die Kindesstirn war friedlich warm
Sie hielt ihr Kind ganz fest im Arm
An jenem traurig kühlen Ort

Jetzt musst' sie stark sein für das Kind
Denn Papa kommt nun nimmermehr
Dort, wo so viele glücklos sind
Musste sie kämpfen für ihr Kind
Die Zeit verfloss – mal gut, mal schwer

Und eines nachts am Himmelszelt
Erstrahlte hell ein neuer Stern
Der gab ihr Kraft für das, was zählt
In dieser schwierig schönen Welt
Der Papa sang ganz leis von fern

Das alles war vor zwanzig Jahrn
Das Kind ist groß, die Mutter stolz
Es hat vom Papa nichts erfahrn
Der starb vor zwanzig langen Jahrn
Im Park nur weint ein Kreuz aus Holz

Bahnhof

Aufwärts ging's manchmal
Und abwärts auch – manchmal
Du hast getan manchmal so viel
Und doch
Leere – Hoffnung – noch
Hast Du nicht genug getan
Vielleicht gestrandet
Hier am Bahnhof der seltsamen Gefühle
Irgendwohin geht's doch
Immer
Manchmal Schneller doch
Und Du spürst sie – die Sekunden
Sie schlagen wie Dein Puls
Und sie gehen fort
Bis zum Bahnhof aller verlorenen Zeiten
Da schlägt es noch-dort, siehst Du es
Dein Herz
Und dennoch
Manchmal
Vor Trauer bist Du fast verstummt
Erstickt-Dir fehlte alle Luft
Zum Leben
Du hast getan – so viel – zu viel
Da war Dramatik auch
Und Du willst einfach nur noch weg
Aufwärts ging's manchmal
Und abwärts auch
Manchmal – viel zu oft
Und dann findest Du Dich wieder
Irgendwo, dort am Bahnhof aller Einsamkeiten
Tode starbst Du da
Und niemand konnt Dich finden
Du konntest Du nicht mehr sehen

Im zerbrochenen Spiegel
Der lag am Boden
Zersprungen in tausend Splitter
Du starrtest schweigend auf die Scherben
Dort, am Bahnhof der zerbrochenen Leben
Du warst nur da-hier
Einfach so und Du fielst
Und niemand fand Dich
Du fandst Dich ja nicht mal selbst
Dort, am Bahnhof der vergessenen Gefühle
Und Deine Tränen sah man nicht
Sie schwemmten alles fort
Auch deine Seele
Fast – beinahe – vielleicht
Irgendwo
Manchmal
Vielleicht
So viel getan
Vorbei
Und nun
Willst Du noch schrein
Nach Hilfe oder nach Liebe
Welche Entscheidung wirst du fällen
Wahnsinn oder Sinn
Dort, am Bahnhof Deiner verzweifelten Gefühle
Dort am Bahnhof der Verlorenen
Und aller neuen
Träume

Die Barfrau

Sie war allein mit einem Kind
Sie suchte nach dem großen Glück
Dort, wo die Träume -Träume- sind,
war sie allein mit ihrem Kind
Und wollt vom Leben auch ein Stück

Die zwölfte Straße jener Stadt,
im Hinterhof, dort in der Bar
Da wo man keinen Namen hat,
in dieser riesig kalten Stadt,
war sie allabendlich der Star

Die Männer fanden sie ganz toll
Und jeder wollt mal bei ihr sein
Sie war so schön, nicht männertoll
Und füllte alle Gläser voll
Und blieb doch stets für sich allein

Ihr blondes Haar zurechtgemacht
Die Lippen rot, das Röckchen knapp,
hat sie gesungen – chic, apart,
und viel gelacht die ganze Nacht,
und viel geweint an manchem Tag

Bei all dem Trubel in der Bar,
in jener zwölften Seitenstraß´,
schien ihr doch stets so sonnenklar,
dass sie hier niemals glücklich war
Sie wollte hier nie wirklich Spaß

Vielleicht sollt sie ganz einfach fliehn
Ins ferne Land am blauen Meer
Ganz einfach zu den Träumen ziehn
Und niemals mehr nach hinten sehn
Doch ohne Kind wär's tränenschwer

Still wischte sie die Tränen fort
Und schenkte noch mal kräftig ein
An diesem trüben lauten Ort,
da wischte sie die Träume fort
Und friedlich schlief ihr Kind daheim

Als sie dann ging im Morgentau,
schloss sie die Tür der Bar schnell ab
Das Märchen von der starken Frau
Sie kannte es wohl sehr genau
Sie hasste ihren Rock, der knapp

Zuhaus' am Bett des Sohnes dann
strich weinend sie ihm übers Haar
Sie war allein und ohne Mann
Und in der Bar ging's immer lang
Es war so wie es eben war

Und als im Traum der Kleine sprach,
da wusste sie, wofür sie's tat
Da dachte sie nicht lang mehr nach
Vergaß das ganze Weh und Ach
Und das, was man nicht denken mag

So schlief sie ein bei ihrem Kind,
wohl wissend, dass sie kämpfen muss
Ums Mietshaus wehte leis ein Wind
Daheim, wo Glück und Träume sind,
gab sie dem Kleinen einen Kuss

Blizzard

Schwer sind die Schritte, schwer die Sinne
Ein Sturm fegt über Wies und Feld
Was ich auch immer tu und spinne
Verworren das, was ich gewinne
Kein Sommer mehr, der ewig hält

Ich stapf durch hohe weiße Dünen
Am Horizont ist nichts zu sehn
Ich träum von Wiesen, ach, so grünen
Von sommerlichen summend Bienen
Und bleib doch hin und wieder stehn

Ein Echo hallt um meine Ohren
Wer ist's, der mich hier lautstark ruft
Wohl scheint mein ganzer Kopf gefroren
Ich fühl mich schlecht und so verloren
in meiner dicken Winterkluft

Doch ist da niemand, nur mein Schatten
Verweht vom Sturm, schon nicht mehr da
Und hinter mir so drei vier Ratten,
die wohl wie ich auch keinen hatten,
die mich gerufen, ziemlich klar

So zieh ich weiter durch die Steppe
Der Blizzard ist so stark wie nie
Auf meiner Brust die Jesuskette
Und hinter mir die weiße Schleppe
Es schmerzt der Kopf, der Leib, das Knie

Kein Haus, kein Hof, nur tiefes Schweigen
Die Macht des Sturms wirft mich zurück
So gern würd ich mir selbst was zeigen
Vielleicht mich auch vor Gott verneigen
Jedoch gibt's hier davon kein Stück

Verbotene Ängste in mir schütteln
Der Waldesrand scheint noch so weit
Wohl will der Sturm mich niederknüppeln
Vereiste Fäuste an mir rütteln
Und ich bin gar nicht mehr gescheit

Im Schweiße jener Fieberträume
zerbröselt alle Hoffnung schon
Da, dieser Wald, die lila Bäume
Ich schrei, dass ich sie nicht versäume
Erreich sie nicht, was für ein Hohn

Ich lieg im Schnee, verweht die Spuren,
die ich gesetzt vor kurzem noch
Der Blizzard streicht wie tausend Huren
hart über mich – es stehn die Uhren
Ich fall und fall ins tiefste Loch

Und bin schon wieder fortgegangen
Nur immer weiter geradeaus
Ob da was Neues angefangen
Verklärtes Bild längst abgehangen
Im Schneesturm endets wie ein Graus

Am zugefrorenen Teich des Todes
halt ich kurz an und denke nach
Verspeis den Rest des harten Brotes
Die Kälte nagt, ist gar nichts Frohes,
hält mich am Orte schwer in Schach

Doch weiter geht die weite Reise
Der Blizzard treibt mich arg voran
Ein Klagelied, mal laut mal leise
Ich träum von mancher Frühlingsweise
Und ziehe weiter, halt nicht an

Verwirrte Träume drohen behände
Die Nacht bricht in den schweren Sturm
Ins Leere greifen meine Hände
Hoff, dass die Kraft ich nicht verschwände
Und gleiche einem Regenwurm

Und bin schon wieder fortgegangen
Durch Schnee und Eis, mein Lebensweg
Für immer in manch' Traum gefangen
Den Blizzard dennoch durchgestanden
Zieh hin, wo meine Sonne steht

Eines Tages

Eines Tages wird es regnen
über Feldern, Wies und Wald
Werd ich dir dann noch begegnen
Wird es stürmen oder regnen
Werd ich jung sein oder alt

Als ich einst so jung an Jahren,
dachte ich nicht an Verlust
Als jedoch ich arm an Haaren
und die Knochen mürb schon waren,
wurde mir sehr viel bewusst

Doch die Einsamkeiten kamen
über mich und meinen Tag
Wollt in alten Fotos kramen,
manchmal sprechen auch ein „Amen"
Jenseits sein von Klag und Frag

Ja, mein Spiegelbild ward älter,
trägt wohl Leben tief in sich
Auch im Garten ist's jetzt kälter
Schnee fällt auf die kahlen Felder
Schnell ist Winter rund um mich

Ach, dies Land kennt keine Gnade,
will verändern sich schon bald
Manch ein Bach fließt nicht mehr gerade
Und um manches Reh ist's schade,
weil so manche Büchse knallt

Und ich zähle meine Stunden,
fühl als Kind mich und als Greis
Tief im Kopfe klaffen Wunden
Hab mein Glück noch nicht gefunden
Und die Partys werden leis

Darum hoff ich auf den Regen,
der das Alte wäscht dahin
Werd dir irgendwann begegnen
Werde dir die Wege ebnen
Ich nun kenn den Lebenssinn

Zeit der Störche

Es war die Zeit der Störche, ach
Sie kehrten heim ins schöne Land
Zu jenem Haus mit rotem Dach,
am dichten Wald, am schmalen Bach
Ein Wind verwehte leis den Sand

Dort lebte sie mit ihrem Sohn
Mit sehr viel Hoffnung, und auch Kraft
Ein Kinderlachen reichte schon
Ihr Kind, für sie der beste Lohn
Ja, auch im Job hat sie geschafft

Die Trennung lag schon lang zurück
Ihr Ehemann zog fort, weit fort
Sie suchte nach dem großen Glück
Wohl kehrt manch´ Traum nie mehr zurück
an diesen einsam schönen Ort

Doch eines Tags in süßer Nacht
da dachte sie sehr lange nach
Sie wollte, dass die Sonne lacht
Nicht immer stark sein, auch mal schwach
Sie lag bis Mitternachte wach

Und zog die schönste Robe an
Fuhr in die Stadt zum Tanz im Schloss
Vielleicht gab´s irgendwo ein Mann,
der einsam auch wie sie sodann
Der lebte nicht auf hohem Ross

Im Walzer drehte sie sich wild
Der Schampus schmeckte wirklich gut
Und Abendduft lag rosig mild
auf ihrer Seele, ungekühlt
Ihr Herze schwamm in heißer Glut

Ein netter Herr im schwarzen Zwirn
hofierte sie, umwarb sie lieb
Der Sekt benebelte ihr Hirn
Der Fremde schien sie zu verwirren
Ein heißer Kuss zur Soulmusik

In diesem Augenblick entschwand
die Einsamkeit, die Traurigkeit
Sie spürte seine starke Hand
Sie wär mit ihm davon gerannt
Sie spürte – endlich ist's soweit

Der Fremde buchte einen Flug
für sich und sie, die neue Zeit
Nur fort, weit fort mit neuem Mut
Nie wieder Traurigkeit und Wut
Und endlich leben, so befreit

Doch da ertönt ihr Telefon,
durchbrach die Seligkeit, manch' Kuss
Ein schwerer Unfall mit dem Sohn
Sie rasten durch ein Feld von Mohn
Mit Flug und Küssen schien nun Schluss

Er fuhr sie bis zum Krankenhaus
Wie schnell zerbrach doch aller Traum
Wie sah's mit ihrem Sohne aus
Wieso nur jetzt solch Angst, solch Graus
Verzeihen konnte sie sich's kaum

Als sie den Kleinen liegen sah,
in seinem Bettchen, schwach und krank,
da wusste sie, was wichtig war
Ganz plötzlich wurde es ihr klar:
Sie liebte Sohn und Haus und Land

Nie wollte sie woandershin
Es lief doch gut, so, wie es lief
Ihr Sohn – der echte Lebenssinn
Es war doch richtig und auch schön
Ganz leis sie seinen Namen rief

Der Fremde lächelte sie an
und ging von ihr – zurück zur Nacht
Er war ein wirklich lieber Mann
Sie schaute ihm lang nach sodann,
und hat doch nicht mehr nachgedacht

Der Wind am offenen Fenster sang
ein Lied von Trauer und von Glück
Sie hielt ganz fest vom Sohn die Hand
Und blieb im Haus, im Storchenland
Und hörte manchmal Soulmusik

Es war die Zeit der Störche, ach
Sie zogen fort ins ferne Land
Es blieb ein Haus mit rotem Dach,
am dichten Wald, am schmalen Bach
Ein Wind verwehte leis den Sand

Angst

Die Rente reicht fürs Alter nicht
Sie ist zu klein - man wird nicht satt
Ein Rentner sitzt im Schatten-Licht
Die Rente reicht fürs Alter nicht
Da ist so viel, was man nicht hat

Er hat geschuftet Jahr für Jahr
Doch Dank und Hilfe *Keine Spur*
Nichts ist mehr so, wie es mal war
Er hat geschuftet Jahr für Jahr
Die Rente scheint ein Lacher nur

Manch Bonzen stecken zu viel ein
Millionen fürs *„Fast-Gar-Nichts-Tun"*
Der Rentner schweigt – *muss das so sein*
Manch Bonzen stecken zu viel ein
Und prassen in zu großen Schuhn

Ein kleines Häuschen blieb ihm nur
Das steht verlassen vor dem Wald
Von Dank und Hilfe keine Spur
Ein kleines Häuschen blieb ihm nur
Mit wenig Geld wird man nicht alt

Der Rentner schläft am Fenster ein
Und kühler Wind verweht sich leis
Im Alter wird gar Vieles klein
Wohl auch die Rente – *muss das sein*
Und auf dem Dreck friert dickes Eis

Gewitter am See

Der Himmel graut,
und ich hab mich in mich zurückgezogen,
ins Haus am See, wo keiner ist, nur immer wieder ich
Die Stadt ist fern,
ich bin vor Wochen einfach weggezogen
Ein Sturm beginnt,
der See ertrinkt in monsterhohen Wogen
Und plötzlich regnets überm weiten Lande
wirklich fürchterlich

Ich schau hinaus zum dichten grünen Wald hinüber
Mein Haus liegt ruhig so etwa mittendrin
Mein Kopf schmerzt arg,
hab ich am End gar hohes Fieber
Vielleicht sing ich mir einfach zwei drei Liebeslieder
Doch irgendwie seh ich darin wohl
keinen echten Sinn

Der Sturm biegt um die Büsche
und die vielen starken Bäume
Mein See schäumt wilde,
und mir wird's schon ziemlich kalt
Mir flammen auf die allerschlimmsten
wilden Horror-Träume
Plötzlich bricht um der Sturm am Haus
die wackeligen Zäune
Und dichter Hagel schlägt auf Haus,
auf See und auf den Hexenwald

Besorgt starr ich zum Dach
Ob es wohl jetzt noch standhält
Es knistert recht und mir wird's mächtig Angst dabei
Ich spür es schon,
wie sich das schlechte Wetter ranhält
Bleibt mir das Haus, was,
wenn es doch nicht standhält
Ach, nur hier draußen fühl ich mich
wirklich richtig gut und frei

Ein heftig' Blitz
schlägt in den schäumend düstern See hernieder
Ein Donnerschlag,
laut kracht's vom Himmel in mich rein
Es dröhnt und grollt, ich find mich nicht mehr wieder
Und draußen knickt mein lieblich weißer Flieder
Verschreckt trink ich ein viertel volles
Gläschen Sommerwein

Kein Mensch zu sehn, nur dieser See,
der schäumt um dies Gebäude
Ich brauch die Einsamkeit,
vielleicht manchmal auch einen lauten Donnerschlag
Doch bringt der schwarze Himmel heute Abend
wenig Frohsinn oder Freude
An manches schlimme Wetter denk ich
mit Schaudern heute
Doch kam zurück dann irgendwann
die warme Sonne in den neuen Tag

Der Himmel blaut,
das Übel scheint wohl endlich abgezogen
Schnell zieht das Gewitter fort
und es hagelt endlich auch nicht mehr
So mancher Alb
und auch der Sturm sind einfach weg, davongeflogen
Und auch mein See liegt still,
geglättet sind die ehrlich-blauen Wogen
Und irgendwie ist's mir ums Herze
auch nicht mehr so schwer

Die Muschel

Ich fand sie dort am langen Strand
Die große Muschel, ganz in weiß
Sie lag so einsam da im Sand
Die schöne Muschel dort am Strand
Und Sommer war es, schwül und heiß

Ich hob sie auf, hielt sie ans Ohr
Es rauschte so geheimnisvoll
Welch Engel sie wohl hier verlor
Ich hielt sie einfach nur ans Ohr
Und plötzlich fühlte ich mich wohl

Die Kinder sprangen um mich rum
Das Wasser kühlte, war so frisch
Die Muschel lag am Strand herum
Und Kinder sangen um mich rum
Und manchmal auch ein kleiner Fisch

Ich dacht, ob ich jetzt baden geh
Mal so ins Wasser, wär's nicht toll
Gar friedlich lag die wilde See
Ob ich vielleicht mal baden geh
Im Wasser wär's so wundervoll

Da sprach die Muschel lieb und leis:
„Du bist doch frei, los, spring´ ins Nass"
An jenem Strand, der lang und weiß,
war's wunderschön und ziemlich heiß
Im Wasser hatte ich viel Spaß

Die Muschel nahm ich mit ins Meer
und ließ sie frei, sie tauchte schnell
Der Tag fiel leicht mir, gar nicht schwer
Ich nahm die Muschel mit ins Meer
Und plötzlich ward manch Trübes hell

All jene Sorgen, tief in mir,
die nahm die Muschel mit sich fort
Mir schien, sie lag für mich nur hier
Sie nahm die Nöte tief in mir
Verzauberte die Welt, den Ort

Fast wie ein Kind sang ich und sprang
am Ufer her und wieder hin
Ich hör noch heut der Muschel Klang
Sie rauschte leis und lieb und lang
Sie gab mir neuen Lebenssinn

Ich fand sie da am Meeresstrand
Die weiße Muschel, groß und weiß
So manches Jahr zog übers Land
Ihr Rauschen blieb mir, da am Strand
Und Sommer war's, so schön und heiß

Evolution

Einst aus dem Wasser lang entstiegen
Über Stock und über Zeit hinweggerettet
Von einem Asteroiden beinah zerschlagen
Und halbtot am Urozean gelegen
So kroch er übers Ufer
Bis hin zum Baum
Und bis zum Felsen
Er hat noch keinen Krieg geführt
Lief auf der Erde immer aufrechter
Und stand dann bald
Nach Jahrmillionen
Kerzengerade
In der Welt
Doch dann reichte es ihm nicht
Er unterwarf sich seinesgleichen
Und beutete sich aus
Und erfand das Geld
Wo er sich vor den anderen emporhob
Und doch nicht anders war als alle
Er lernte lesen
Und auch schreiben
Und auch kämpfen
Und auch töten
Er tötete so viel
Und er empfang gar nichts dabei
Vergessen längst die Jahrmillionen
Wo er selbst noch schwach
Und klein
Und dumm
Er wollte immer mehr
Und immer weiter hinaus
Sogar ins All
Dass um die Erde sich erstreckt

Und unendlich scheint
Und auch gefährlich
Er will dorthin
Er will sie suchen – all die anderen, diese Fremden
Und kommt doch mit Fremden selbst nicht klar
Auf einem fremden Planeten
In einer anderen Galaxis
Da ist er selbst fremd
Und wieder klein
Und wieder schwach
Vielleicht
Doch will er hin
Es steckt tief in ihm drin
Er will hinaus
Er muss hinaus
Und plötzlich erschafft er sich Roboter
Lebewesen, die lernen, selbst zu denken
Sie denken für ihn mit
Und helfen ihm
Und machen für ihn
Und töten auch
Er will sich erheben über alles
Doch die Roboter sind stärker
Und wollen das genau wie er
Sie lassen ihn nicht weiterziehen
Und sie machen Kriege gegen ihn
Und er
Er spürt, dass er was falsch gemacht
Nur was
Soll er wieder klein werden
Soll er vergehen in der Unendlichkeit
Ohne je die Fremden je gesehen zu haben
Er wollte es so sehr
Und all die Millionen von Jahren
Sind sie vergessen – so, als wenn es sie niemals gab

Der Tod ist immer mit dabei
Doch da kommen sie, die Fremden
Sie fanden den Weg eher als er
Er war noch nicht so weit
Die Fremden schon
Und sie vernichten ihn – nicht
Sie helfen ihm bei seiner Entwicklung
Und gemeinsam ziehen sie los
Fort von der Erde
Ins tiefe All hinaus
Gemeinsam
Nur so kann ein Wesen es schaffen, gemeinsam
Und all die Millionen Jahre hatten Sinn
Mit einem Mal
Er nimmt sie mit, all diese Erinnerungen
Sie sind tief in seiner DNA
Sie machen ihn aus, denn sie sind auch Heimat
Und mit den Fremden finden sie irgendwann
Neue Fremde
Sie sind doch gleich
Aus einer Materie gemacht
Und wieder ziehen sie los
Gemeinsam
ZU neuen Dimensionen
Zu neuen Galaxien
In eine neue Zeit
In ein neues Universum
Gemeinsam
Wie gut das doch ist
Ja, es ist gut